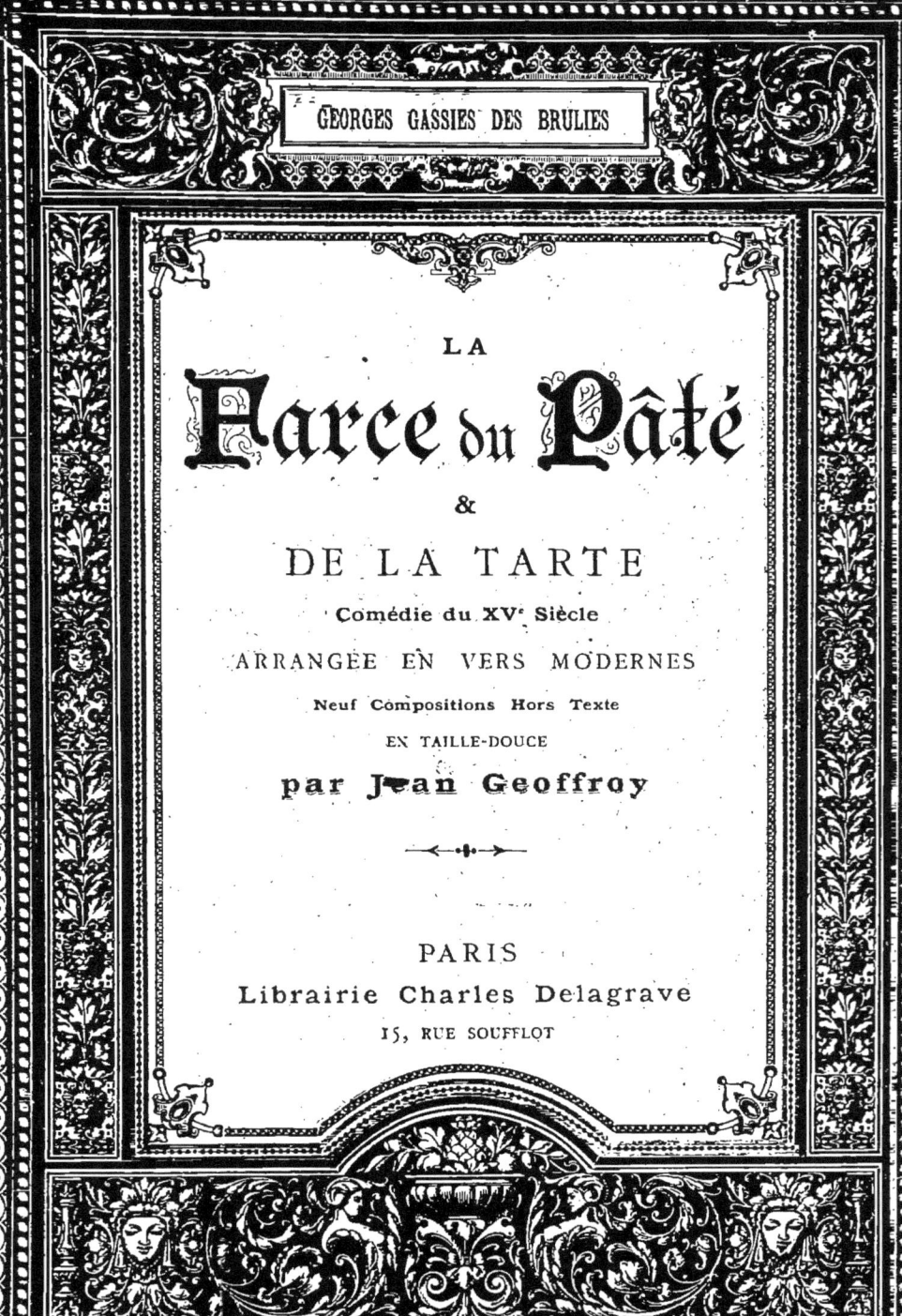

1219

# La Farce

## du Pâté et de la Tarte

# La Farce du Pâté

ET

# de la Tarte

COMÉDIE DU QUINZIÈME SIÈCLE

ARRANGÉE EN VERS MODERNES

PAR

## GASSIES DES BRULIES

AVEC NEUF COMPOSITIONS EN TAILLE-DOUCE, HORS TEXTE

PAR J. GEOFFROY

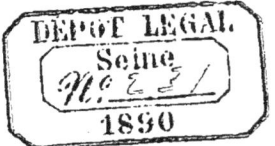

PARIS

LIBRAIRIE CHARLES DELAGRAVE

15, RUE SOUFFLOT, 15

# LA FARCE DU PATÉ ET DE LA TARTE

## NOTICE

La *Farce du Pâté et de la Tarte* nous est parvenue dans le recueil précieux conservé à la bibliothèque du British Museum, à Londres. Ce recueil contient soixante-quatre farces, parmi lesquelles se trouve la *Farce du Cuvier*, dont nous avons, pour la première fois, l'année dernière, publié une adaptation, avec des illustrations de Jean Geoffroy. L'accueil fait à cette farce au théâtre lorsqu'elle y fut représentée, en juin 1888, nous a prouvé une fois de plus que les Français grands et petits savaient encore à notre époque éclater du rire franc et joyeux de nos pères.

La *Farce du Pâté et de la Tarte* n'a pas assurément la portée morale de la *Farce du Cuvier*. On n'y voit point autant de finesse de critique ; c'est une scène toute naïve, où Martin-Bâton, ce personnage que n'a pas dédaigné Molière lui-même, joue un rôle important. L'intrigue est toute simple ; un vol de pâté et de tarte. Cependant, si l'on considère les deux pauvres affamés de la farce, on avouera que, pour eux, ce pâté offre un intérêt capital, puisqu'il les empêche de mourir de faim !

De quelle époque est notre farce ?

Le recueil de Londres, qui est factice, c'est-à-dire composé de diverses pièces éditées chez différents imprimeurs, est du xvie siècle.

La farce est probablement du xve siècle. Elle paraît contemporaine de Louis XI et de François Villon.

A ce propos, nous avons sans scrupule donné à nos deux malandrins les noms de *Baillevent* et de *Malepaye*. Ces noms sont ceux de deux piteux sires, dont le dialogue est joint d'ordinaire aux œuvres de Villon. L'attribution ne paraît pas plus juste que pour le *Franc Archer de Bagnolet*, dont le monologue est également édité avec les œuvres de Villon, dans l'édition Janet, par exemple. Dans le texte original du British Museum, les deux pauvres hères sont tout simplement désignés sous le nom de premier et second coquin.

Dans le dialogue de *Baillevent* et *Malepaye*, les deux noms s'appliquent à des personnages qui ont plus d'un trait de parenté avec les nôtres, bien qu'ils tranchent du gentilhomme.

De qui est ce dialogue ?

De qui est la farce ?

Puisque les érudits en sont réduits eux-mêmes à faire des suppositions, ne pourrons-nous humblement supposer que la farce et le dialogue pourraient bien être du même auteur.

Nommer Villon, c'est plus délicat.

En tout cas, notre vieux poète gaulois a plus d'une fois vécu à la façon de nos deux voleurs de pâté. Qu'on lise les *Repues franches* ! N'est-ce pas le même principe, le même élément de comique ! La mystification toujours, la ruse pour se procurer de quoi vivre ou « s'esbaudir ». L'ancêtre de ces fourbes, malgré tout sympathiques à cause de leur verve et de leur adresse, c'est Renard, le héros de la grande épopée satirique du moyen âge. Pathelin payant son drap de belles paroles, Villon et ses joyeux compagnons faisant chère lie sans bourse délier, Panurge enfin, sont de la même famille que les deux personnages de notre farce.

Le travail que nous présentons aux lecteurs est de la même nature que celui que nous avons fait pour la *Farce du Cuvier*. C'est aussi la première fois que cette vieille farce est adaptée.

Dans la collection de l'*Ancien Théâtre français* publiée par Viollet-le-Duc, le texte est donné sans commentaires et n'est qu'une transcription d'après le recueil conservé à Londres.

La pièce peut être facilement montée et jouée.

La difficulté d'avoir ou de figurer un Cuvier n'a pas arrêté les nombreux amateurs qui ont désiré représenter notre dernière Farce, et nous avons eu le plaisir de diriger en plus d'un salon les jeunes interprètes qui avaient bien voulu apprendre nos vers. C'est à eux surtout que s'adresse cette œuvre sans prétention, car elle a besoin de l'action et du jeu pour produire son effet. Puisse-t-elle avoir les destinées que demandait pour la Farce du Cuvier un maître en l'art du Théâtre, M. Henri de Bornier, dans la lettre trop flatteuse qu'il nous a fait l'honneur de nous consacrer l'an dernier dans les colonnes du *Musée des familles*.

G. DES BRULIES.

# LA FARCE

DU

# PATÉ ET DE LA TARTE

*PERSONNAGES :*

BAILLEVENT et MALEPAYE, deux pauvres diables.
GAUTIER, pâtissier.
MARION, sa femme.

Le théâtre représente un faubourg du vieux Paris au xv<sup>e</sup> siècle. Au fond, vieilles maisons à pignon sur rue, à étages en surplomb, à charpentes apparentes, bizarrement enchevêtrées. A gauche, une boutique avec cette enseigne au-dessus de la porte : *Au Pâté d'Anguille,* GAUTIER, *pâtissier.* A droite, un banc de pierre, à l'entrée d'une rue.

## SCÈNE PREMIÈRE

BAILLEVENT, MALEPAYE, *chacun d'un côté du théâtre.*

BAILLEVENT.

Ouiche !
(*Il se met à marcher, les mains enfoncées dans ses poches.*)

MALEPAYE.

Qu'as-tu ?

BAILLEVENT.

Le froid me glace !
Je ne puis pas rester en place !
Ma veste est d'un pauvre tissu !

MALEPAYE.

En effet, tu n'es pas... cossu.
Ni moi non plus. Mon cœur en saigne !
Nous sommes à la même enseigne.
Tu pourrais prendre mon pourpoint ;
Certe il ne te parerait point !
Ouiche !
(*Il se met à marcher les deux mains dans ses poches.*)

BAILLEVENT.

Qu'as-tu ? Le froid me glace !
Je ne puis pas rester en place.
Nous sommes pauvres besoigneux.
Nous faisons la paire à nous deux !
Ouiche !

*(Même jeu.)*

MALEPAYE.

Qu'as-tu ?

BAILLEVENT.

Le froid me glace !
Je ne puis pas rester en place.
Ma veste est d'un pauvre tissu.
C'est que je suis fort peu cossu !

MALEPAYE.

Et moi ? Le suis-je davantage ?
J'ai faim, j'ai froid, j'ai soif, j'enrage,
Car je n'ai pas un sou vaillant !
Il faut que je reste, bâillant,
En attendant quelque pitance,
A moins d'encourir la potence
En... empruntant de quoi dîner !
Ne peux-tu pas imaginer
Quelque moyen pour nous refaire ?

Je trouve l'existence amère !

BAILLEVENT.

Je trouve l'existence amère!
Quand pourrons-nous donc être saoûls?

MALEPAYE.

Si tu trouvais quarante sous,
Les mettrais-tu dans une armoire?

BAILLEVENT.

Tu ferais acte méritoire
Si tu me donnais un moyen!

MALEPAYE.

Eh! par ma foi! je ne vois rien!
Sinon d'aller en quelque auberge
Où pour la frime on vous héberge..

BAILLEVENT.

En connais-tu?

MALEPAYE.

Je n'en vois pas!
Partout on solde ses repas.

BAILLEVENT.

Il faut donc aller de la sorte
En quémandant de porte en porte!

(Il va frapper à la porte du pâtissier. Malepaye sort par la droite.)

## SCÈNE II

BAILLEVENT et GAUTIER.

BAILLEVENT.

Ayez pitié, mon bon marchand !

GAUTIER, *ouvrant le volet de la porte.*

Mon brave, je n'ai pas d'argent !
Ma femme n'est pas là ! C'est elle
Qui porte toujours l'escarcelle.
Mais reviens à la Trinité,
Nous te ferons la charité.

*(Il referme le volet.)*

Mais reviens à la Trinité,
Nous te ferons la charité.

## SCÈNE III

MALEPAYE, MARION.

MALEPAYE *s'approche tandis que Baillevent s'éloigne vers la gauche du théâtre.*

Daignez me donner quelque aumône ;
Le Seigneur bénira qui donne !
Je suis un pauvre malheureux.
Depuis hier j'ai le ventre creux !

MARION, *ouvrant le volet, d'une voix sèche.*

Mon mari n'est pas là, brave homme !
Et je n'ai pas la moindre somme
Sur moi. Toujours il a l'argent.
Tu reviendras à la Saint-Jean :
Nous pourrons faire quelque chose.
(Elle referme le volet)

MALEPAYE

Dans ce métier tout n'est pas rose.
Je laisse à Baillevent ce soin,
Je vais attendre dans ce coin.
(Il s'assied sur le banc à droite.)

## SCÈNE IV

MARION, la Pâtissière ; GAUTIER, le Pâtissier, et MALEPAYE,
*dans le coin du théâtre.*

GAUTIER.

Femme ! je vais dîner en ville ;
Mais afin de partir tranquille,
Je veux qu'il soit bien arrêté,
Femme, au sujet du gros pâté,
Qu'ici quelqu'un viendra le prendre
De ma part. Il faut donc s'entendre.

MARION.

Certes ! car vous le savez bien,
Sans votre ordre je ne fais rien.

GAUTIER.

Comme tu ne sais pas bien lire,
Et que je ne sais pas écrire,
Je ne t'enverrai pas de mot ;
Je choisirai quelque marmot,
Quelque valet pris sur ma route !

Tu reviendras à la Saint-Jean.

Mais ne va pas lâcher la croûte
Sottement au premier venu !
Pour être de toi reconnu,
Celui qui fera mon message,
Précaution qui paraît sage,
Devra te prendre par le doigt !
Du signe, femme, souviens-toi !

*(Il s'éloigne. Marion rentre dans la maison).*

## SCÈNE V

#### BAILLEVENT, MALEPAYE.

BAILLEVENT, *entrant par la gauche du théâtre, considère un instant Malepaye, qui reste immobile et songeur sur le banc de pierre.*

As-tu trouvé quelque pitance?

MALEPAYE.

Je réfléchis sur l'existence!
Je tombais presque en pâmoison,
Mais on m'a nourri de raison!
Et toi?

BAILLEVENT.

De même!

MALEPAYE.

Ami, l'aubaine
Me paraît maigre pour l'étrenne!
C'est le mari qui tient l'argent :
Il fait l'aumône à la Saint-Jean.

Du signe, femme, souviens-toi !

BAILLEVENT.

C'est la femme qui tient la bourse !
Il paraît qu'elle était en course ;
Mais elle fait la charité
Tous les ans, à la Trinité.

MALEPAYE.

Alors simple est notre partage.
Tu n'as pas reçu davantage
Que moi-même?

BAILLEVENT.

J'ai toujours faim.

MALEPAYE.

Et, pour avoir l'estomac plein,
Ferais-tu ce que je vais dire?

BAILLEVENT.

Ce n'est pas le moment de rire !
Comment ne le ferais-je pas?

MALEPAYE.

Eh bien ! va-t'en donc de ce pas
Demander un pâté d'anguille
A cette marchande gentille...

(*A part.*)
Gentille! un guichet de cachot
Est plus aimable! Mais il faut
Pourtant sortir de cette affaire!
(*Haut.*) Dis! Veux-tu faire bonne chère?
Va donc à cette porte encor!
Et cette fois frappe bien fort,
Ainsi que quelqu'un qui commande!..

BAILLEVENT.

A quoi bon? Je sais quelle offrande
On me garde en cet endroit-ci!
Rien... ou des coups! Merci! merci!

MALEPAYE, *se rengorgeant.*

Tu sais bien que je suis un sage.
Peux tu douter de mon message?
Sans crainte et d'un air effronté,
Va-t'en demander le pâté!
Mais écoute cette parole,
Sans quoi tu joueras mal ton rôle :
A la marchande sans retard
Tu diras : « Je viens de la part
De maître Gautier, chère dame!
Il m'a dit que je vous réclame
Le gros pâté que vous savez.
Donnez-le-moi, car vous l'avez!
On l'attend pour se mettre à table...
Et comme signe véritable,
Pour montrer que c'est bien à toi
De l'emporter, prends-lui le doigt!
Va! tu verras si je t'abuse!

BAILLEVENT.

Ma foi! je vais tenter la ruse!
Mais si le mari n'était pas
Encor parti pour ce repas
Dont tu parles?

MALEPAYE.

Si! tout à l'heure
Il est sorti de sa demeure!

BAILLEVENT.

Ah! Je vais lui serrer le doigt!

MALEPAYE.

Et la dame, comme elle doit,
Ne fera faute à la promesse :
Nous aurons mets de haute graisse
Avant la Saint-Jean. Qu'en dis-tu?

BAILLEVENT.

Ma foi! je crains d'être battu!
Si par hasard notre commère
Allait se douter de l'affaire...

MALEPAYE.

Eh! qui ne risque rien n'a rien!

BAILLEVENT.

Je t'écoute : c'est bien, c'est bien !
Je m'en vais frapper à la porte,
Et le pâté, je te l'apporte !

(*Il va frapper à la boutique du pâtissier, tandis que Malepaye sort par la droite. — La pâtissière ouvre le volet.*)

## SCÈNE VI

BAILLEVENT, MARION

BAILLEVENT.

Madame, je viens de la part
De votre mari. Sans retard
Il m'a dit de venir en hâte
Ici, de peur qu'il ne se gâte,
Vous demander le gros pâté
D'anguilles. — A votre santé
On le mangera !

MARION.

Mais sans doute,
Avant de t'avoir mis en route,
Il t'aura donné quelque mot
Afin que je sache s'il faut
A ta parole m'en remettre !

BAILLEVENT, *d'un air naïf*.

Il ne m'a pas donné de lettre,
Mais il m'a dit que par le doigt
Je vous prenne, et qu'ainsi l'on doit

Reconnaître que le message
Est vrai. Car il serait dommage
Que d'autres gens que vos amis
Mangeassent le pâté promis !
Donnez le doigt que je le touche.

MARION *va chercher le pâté*.

Certes, l'eau vous vient à la bouche
En regardant ce pâté-là !
Je vais le mettre dans un plat !

BAILLEVENT.

Oh ! madame, c'est inutile :
J'en aurai soin, soyez tranquille !

MARION, *à qui Baillevent a voulu prendre le doigt*.

C'est bien ! c'est bien ! — Le beau pâté !
De crainte qu'il ne soit gâté
Je le couvre d'une serviette...
Surtout n'en perds pas une miette !

BAILLEVENT (*Elle lui donne le pâté enveloppé.*)

Nous aurons soin de tout manger !

Nous aurons soin de tout manger.

MARION.

Tu dis?

BAILLEVENT, *s'éloignant.*

Je dis : Pas de danger !
J'en aurai soin, ma chère dame,
Ainsi qu'un chrétien de son âme !
(*Marion rentre dans sa boutique et referme son volet.*)

## SCÈNE VII

BAILLEVENT, *seul*.

Bien ! mais c'eût été plus gentil
De me dire : Bon appétit !
Ne suis-je pas un bon compère ?
Me voici bien pourvu, j'espère !
Ce pâté d'aspect savoureux,
Ce pâté riche et bienheureux,
Ce pâté de noble tournure,
Ce pâté, douce nourriture,
Ce pâté très seigneurial,
Ce pâté de parfum royal !
Ce pâté, digne d'un chanoine,
A damner le grand saint Antoine !
Ce beau pâté, digne des dieux,
Ce pâté calme et radieux,
Ce pâté, gros comme le Louvre,
Pour lui mon estomac s'entr'ouvre !
Il est à nous, il est à moi.
Ah ! je l'embrasserais, ma foi !

(*Il le pose avec précaution par terre et s'incline avec respect.*)

Sire pâté, je vous salue !

MALEPAYE *est entré pendant que Baillevent prononçait les derniers mots de son monologue.*

## SCENE VIII

BAILLEVENT, MALEPAYE.

MALEPAYE.

Ma foi ! je n'ai pas la berlue !
C'est bien toi ! Mais que fais-tu là ?

BAILLEVENT, *avec ampleur*.

Voici le pâté sur un plat !
Auprès d'un mets de telle graisse
Ne faut-il pas que l'on s'empresse ?

MALEPAYE.

Eh bien ! t'ai-je conseillé mal ?
Nous allons faire un vrai régal !
Tu t'en es tiré comme un maître.

BAILLEVENT.

Te doutais-tu qu'il pourrait être
Si gros ?

MALEPAYE.

J'en suis émerveillé !

BAILLEVENT.

Allons ! c'est assez babillé !
*(Ils s'éloignent par la gauche avec le pâté, tandis que le pâtissier arrive par la droite.)*

## SCÈNE IX

GAUTIER, le Pâtissier, *seul, furieux.*

Quoi, se peut-il que de la sorte
On laisse devant une porte,
Sans lui répondre, un invité
Qui doit apporter un pâté ?
On était convenu de l'heure ;
Je pars à temps de ma demeure ;
J'arrive et frappe... On n'ouvre pas.
Ils sont absents ! Et le repas ?
J'agite le marteau !... je sonne !
Je répète mon nom !... Personne !
Mais je saurai bien me venger !
　　　　*(D'un ton radouci, en souriant).*
En attendant je vais manger
Mon pâté. Cela me console.
La pâte en doit être bien molle,
Bien tendre et, pour nous régaler,
Nous allons tous deux avaler,
— Comme époux qui font bon ménage
Quoique anciens dans le mariage —
Avec ma femme, ce produit
De mon art.
*(Il frappe à la porte, d'abord doucement, puis s'impatiente et redouble les coups.).*
　　　Est-ce qu'aujourd'hui
On doit me laisser dans la rue ?

## SCÈNE X

GAUTIER. MARION.

MARION, *ouvrant*.

Eh ! pourquoi cette voix bourrue ?
Vous voici déjà de retour ?
Vous avez fait un repas court !

GAUTIER.

Là-bas, je n'ai trouvé personne !

MARION.

Et vos amis ?

GAUTIER.

Je vous étonne ?
C'est pourtant ainsi ! Les amis
Ont oublié le jour promis !
Mais la chose m'est bien égale !
Sans eux, femme, l'on se régale.
Nous allons dîner tous les deux.

MARION.

Cela me semble hasardeux !
Car nous aurons bien maigre chère !
Rien qu'une tarte !

GAUTIER.

Hé ! ma commère !
Comptez-vous pour rien le pâté ?

MARION.

Quoi ! ne vous l'a-t-il pas porté
Celui qui vint ici le prendre ?

GAUTIER.

Que voulez-vous me faire entendre ?
Quelqu'un de ma part est venu ?

MARION.

De votre part !... Un inconnu...

GAUTIER, *l'interrompant brusquement.*

Un inconnu ! Quoi ! Triple sotte !
Mais attendez que je vous frotte
Le dos à grands coups de bâton !
Quoi ! vis-à-vis de moi peut-on
Se montrer aussi téméraire ?

MARION.

Comme vous aviez dit de faire,
Il m'a serré le petit doigt.

GAUTIER.

C'est malgré lui qu'un mari doit
En venir à battre sa femme...
Mais il le faut pourtant, chère âme,
Et je vais chercher un bâton !
Me prenez-vous pour un mouton ?

MARION.

Voyons ! pourquoi tout ce tapage ?
Ne tenez pas pareil langage !
Vous savez bien que le pâté...

GAUTIER.

Tu l'as mangé !

MARION.

    Quel emporté !

GAUTIER.

Si ! si ! tu l'as mangé, gourmande !
Et c'est pourquoi je te gourmande.
Allons ! je vais prendre un bâton !
Vous en aurez sur le menton !

Vous moquez-vous de votre époux ?

MARION.

Vous voilà comme un diable à quatre ?
Vous osez parler de me battre. .

GAUTIER.

Eh bien ! dites la vérité !
Qu'avez-vous fait de ce pâté ?
Je...

MARION.

Vous êtes un misérable !

GAUTIER, *de plus en plus furieux.*

Je...

MARION, *élevant aussi le ton de plus en plus.*

Truand, scélérat pendable !
Coquin, mari sans foi ni loi !
Vous osez vous moquer de moi
En venant de faire ripaille...

GAUTIER.

Vous vous tairez !

MARION.

Menteur ! canaille !

GAUTIER, *se contenant d'abord.*

Qu'avez-vous fait de mon pâté ?
Ah ! vous aurez le dos frotté !

MARION.

Ne voulez-vous donc pas m'entendre ?
Je vous dis qu'on l'est venu prendre
Tout à l'heure de votre part !

GAUTIER.

Suis-je donc un sot par hasard !
Ou bien quelque animal stupide ?
J'enrage ! j'ai le ventre vide !
Rien à se mettre sous la dent !

(*Ils rentrent tous deux dans la boutique et referment la porte. On entend crier Marion qui reçoit une vive correction.*)

## SCÈNE XI

BAILLEVENT et MALEPAYE

BAILLEVENT, *d'un air rassasié, parlant avec lenteur.*

Écoute, mon ami ; pendant
Qu'en me promenant je digère...
Sais-tu ce que tu devrais faire ?

MALEPAYE.

Parle.

BAILLEVENT.

Je ne peux plus souffler...

MALEPAYE.

Quel plaisir ce fut d'avaler
Semblable croûte ! Que t'en semble ?

BAILLEVENT.

Parbleu ! nous avons fait ensemble
Un vrai repas de Bourguignon.
Mais nous aurions bien du guignon

Si nous n'avions pas quelque tarte
Encore, avant qu'elle ne parte
Chez quelque bourgeois trop heureux
Pour juger les mets savoureux !
Et, ma foi ! ce serait dommage !

MALEPAYE.

C'est fort bien dit ! Je rends hommage
Au talent de maître Gautier.

BAILLEVENT.

Moi ! j'en ferai mon cuisinier. .
Si j'ai jamais une cuisine !
Mais va !... C'est la maison voisine.
Frappe fort, comme j'ai fait, moi ;
En te présentant, par le doigt
Saisis la femme et lui demande
La tarte. Elle me semblait grande
Quand j'ai tout à l'heure emporté
De la boutique le pâté.
C'est une tarte appétissante !

MALEPAYE.

C'est bon, va-t'en ! je me présente.

BAILLEVENT.

Mais souviens-toi de partager !
Chacun doit son morceau manger
Et ne jamais oublier l'autre !
Mon gain, le tien doit être nôtre !

Parbleu nous avons fait ensemble
Un vrai repas de Bourguignon.

MALEPAYE.

C'est convenu. Chacun aura
Sa part de ce qu'on gagnera !
Va-t'en m'attendre.

(Tandis qu'ils se séparent, on entend Marion qui crie dans la coulisse.)

MARION.

Holà ! ma mère !
Aïe ! quelle existence amère !
Je suis morte ! A coups de bâton
Il m'a tuée ! Aïe ! peut-on
Traiter sa femme de la sorte !

## SCÈNE XII

MALEPAYE, puis MARION.

MALEPAYE, *frappant à la porte.*

Holà ! madame ! Ouvrez la porte !

MARION.

Que voulez-vous ?

MALEPAYE.

Je viens ici,
Comme le pâté prendre aussi
La tarte, qui doit être cuite.
Je dois l'emporter tout de suite.
Comme signe certain je dois,
Madame, vous prendre les doigts :
Vous pouvez croire à mon message...

MARION.

Mais oui, tu me parais très sage.
                    (*A part.*)
La tarte sera de ton goût.

(*Haut.*)
Mais il faut bien songer à tout !
Ne dois-tu pas porter à boire ?

MALEPAYE.

C'est vrai ! je manque de mémoire !
Donnez-moi de ce petit vin
Qu'on fit en quatorze cent vingt...
Oh ! que belles étaient les treilles
En ce temps !

MARION.

Combien de bouteilles ?

MALEPAYE.

Deux.

MARION.

Je vais vous en chercher trois.

MALEPAYE, *à part*.

Nous ferons un festin de rois !

MARION.

Attendez un moment, mon brave,
Le temps de descendre à la cave !
(*Elle rentre dans la boutique.*)

## SCÈNE XIII

MALEPAYE, d'abord seul, puis GAUTIER.

MALEPAYE.

On me traite en enfant gâté !
*(Pendant qu'il dit ce vers, Gautier le pâtissier sort de la maison, s'approche de lui par derrièr sans bruit, et lui applique brusquement une vigoureuse taloche.)*

GAUTIER, *d'un ton sombre.*

Qu'avez-vous fait de mon pâté...
Qu'ici vous êtes venu prendre ?...
Réponds, ou je te ferai pendre !

MALEPAYE, *après avoir considéré Gautier d'un air piteux, en frottant la partie atteinte.*

Messire, on vous aura conté
Des mensonges ! Car, de pâté,
Je n'en ai jamais pris !

GAUTIER.

Canaille !
*((Il lui donne des coups de bâton.)*

Qu'avez-vous fait de mon pâté....

MALEPAYE, *qui tourne en rond sans pouvoir fuir.*

Ah! permettez que je m'en aille!

GAUTIER.

Cela t'aurait trop peu coûté!
(*Il continue à le battre.*)
Tu ne m'as pas pris de pâté?

MALEPAYE.

De grâce, cessez de me battre!
Si! si! J'en ai pris deux! trois! quatre!
Et cinq! si vous voulez!

GAUTIER.

Non pas!
Pas cinq! J'avais pour ce repas,
Où l'on devait m'attendre en ville,
Préparé de ma main habile
Un seul! un superbe pâté!
Et c'est toi qui l'as emporté!
Réponds! Il faut qu'on me le rende!

MALEPAYE.

C'est une difficulté grande!
Car, s'il était vraiment à vous...

GAUTIER.

Je m'en vais redoubler de coups!
Tu te souviendras de la danse,
Scélérat! gibier de potence!
Dis, qu'as-tu fait de mon pâté?

*(Il menace toujours de son bâton.)*

MALEPAYE.

Ce n'est pas moi qui l'ai goûté :
C'est Baillevent, mon camarade;
Si vous cessez cette brimade,
Je vous dirai tout gentiment!

*(Le pâtissier abaisse son bâton.)*

Vous saurez donc, maître, comment
Je vins vous demander l'aumône
Bien humblement, hélas! Personne
Ne compatit à mon malheur!
Je m'éloignais, plein de douleur,
Quand, en partant dîner en ville,
Vous avez dit, en homme habile,
A votre femme, qu'il fallait
Remettre sans faute au valet
Qui viendrait en faire demande,
De votre part, le pâté. Grande
Alors fut ma tentation.
J'avais très bonne intention,
Mais la faim, hélas! fut plus forte :
Mon compagnon vint à la porte...
Comme il m'avait bien écouté,
Il me rapporta le pâté!

GAUTIER.

Ah! vous faites tous deux la paire!
Scélérats, mais je vais vous faire
Pendre bien court à Montfaucon!

MALEPAYE.

L'œil éveillé, comme un faucon
Mon camarade, pas moi, maître,
Pensa qu'on pourrait se repaître
D'une tarte après le pâté!

GAUTIER, *levant son bâton.*

Est-on à ce point effronté?

MALEPAYE.

Il l'avait vue à l'étalage
Lorsqu'il fit son premier message!
Il m'avait chargé du second.
Mais avec ce doux compagnon
Nous faisons un juste partage!

GAUTIER.

Canaille! En l'écoutant j'enrage!
Eh bien, puisque vous partagez
Les aubaines que vous mangez,
Va-t'en chercher ton camarade,
Qu'il ait sa part de bastonnade!
C'est ton devoir, et c'est son droit!
Ou dans un lacet bien étroit
Je te ferai passer la tête.

MALEPAYE.

Je le fais! car c'est très honnête,
Pourquoi sa part n'aurait-il pas,
Comme il eut sa part du repas ?

GAUTIER.

Vas-y canaille, où je t'assomme!

MALEPAYE.

Je vous le dis — foi d'honnête homme!
Je vais l'envoyer près de vous
Vous demander sa part de coups.

GAUTIER.

Il l'aura sans qu'il la demande!
(Il rentre chez lui.)

## SCÈNE XIV

BAILLEVENT, MALEPAYE.

BAILLEVENT.

Eh bien, et la tarte d'amande?

MALEPAYE.

Elle est d'amande?. . C'est fort bien !
Mais c'est la femme qui la tient !
Elle n'a pas voulu m'entendre :
« C'est le messager qui vint prendre
Le pâté, dit-elle, qui doit
Venir la saisir par le doigt. »
Vas-y donc pour avoir la tarte !

BAILLEVENT.

Il faut de nouveau que je parte
En chasse ? Attends ! J'y vais ! j'y vais !
Le pâté n'était pas mauvais !

MALEPAYE.

Va donc chercher la tarte en hâte.

BAILLEVENT.

Ce pâtissier pétrit la pâte
Avec beaucoup d'habileté
Si j'en juge par le pâté ;
Il doit avoir la main légère.
(*Malepaye se frotte les épaules en faisant la grimace.*)
Quel doux repas nous allons faire !

MALEPAYE.

Oui ! la main légère, en effet.
(*A part.*)
J'ai senti l'accueil qu'il m'a fait.
(*Il sort.*)

## SCÈNE XV

BAILLEVENT, MARION, puis GAUTIER.

BAILLEVENT, *après avoir frappé bruyamment à la porte, à Marion qui vient lui ouvrir.*

Holà ! Dépêchez-vous, madame !
C'est votre mari qui réclame
Cette tarte que vous savez !
Donnez vite, car vous devez
L'avoir dès longtemps préparée.

MARION.

Ne restez donc pas à l'entrée
De la boutique, ainsi debout.
Sans doute vous venez du bout
De la ville, et vous devez être
Fatigué. Reposez-vous ! maître.
 (*Il n'entre pas. Elle lui apporte un siège.*)

BAILLEVENT.

Pour votre obligeance, merci,
Je suis pressé.

MARION, *plaçant un siège derrière lui.*

      Mais si ! mais si !
Je vais aller quérir la tarte !

BAILLEVENT, *s'asseyant.*

Bien ! mais, avant que je reparte,
Songez si vous n'oubliez rien !

MARION.

Non ! non ! Je vous servirai bien,
Et vous recevrez davantage
Que vous ne demandez, je gage !

BAILLEVENT, *haut, mais à part.*

Bon ! j'aurai quelque rogaton !

GAUTIER, *apparaissant avec Marion.*

Vous aurez cent coups de bâton !

BAILLEVENT, *qui s'est levé brusquement.*

Je ne vous comprends pas, messire !
Que voulez-vous ?

GAUTIER, *montrant son bâton.*

      Je vais l'écrire
Sur votre dos avec ceci.

BAILLEVENT.

Seigneur ! ayez de moi merci !
Je suis un pauvre misérable !

GAUTIER.

Je vais vous donner sur le râble
Cent bons coups de ce bâton-là !
Vous ne songiez pas à ce plat !

MARION.

Vous m'avez fait frotter les côtes !
Mais sur les branches les plus hautes
D'un beau gibet on vous pendra !

GAUTIER, *le frappant*.

Voici la tarte, scélérat !
Affreux coquin ! voleur infâme !
(*Il lui administre une correction.*)

BAILLEVENT.

Aïe ! aïe ! Je vais rendre l'âme !

MARION.

Du pâté tu te souviendras !
(*Ils rentrent tous les deux dans la maison, laissant Baillevent qui se frotte piteusement les membres.*)

## SCÈNE XVI

BAILLEVENT, MALEPAYE

BAILLEVENT, *à Malepaye qui entre.*

Tu m'as fourré dans de beaux draps !
Tu voulais donc me faire battre ?
Il frappe comme un diable à quatre !

MALEPAYE.

Ne devions-nous pas partager ?
Du pâté je t'ai fait manger :
Devais-je oublier le partage ?
D'ailleurs j'en reçus davantage !

BAILLEVENT.

Oui ! mais frappait-il aussi fort ?

MALEPAYE.

Parbleu ! je m'en ressens encor !

Tu m'as fourré dans de beaux draps.

BAILLEVENT.

Laissons cela !

MALEPAYE.

Mais quelle emplette !

BAILLEVENT.

Ecoute ! j'avais en cachette.
Tantôt su mettre de côté
La moitié de notre pâté,
Tandis que tu mangeais si vite !
Maintenant que me voilà quitte
Avec l'autre : sans rien voler,
Mangeons donc pour nous consoler.

Imp. Walchés, rue Mandar, Paris

www.ingramcontent.com/pod-product-compliance
Lightning Source LLC
LaVergne TN
LVHW050636090426
835512LV00007B/881